CHARTES BORDELAISES

DE 1080 à 1185

TIRÉES DES ARCHIVES DU MONASTÈRE

DE

SAINT-FLORENT, PRÈS SAUMUR

PAR

PAUL MARCHEGAY

ARCHIVISTE HONORAIRE DU DÉPARTEMENT DE MAINE-ET-LOIRE

MEMBRE NON RÉSIDANT DU COMITÉ DES TRAVAUX HISTORIQUES

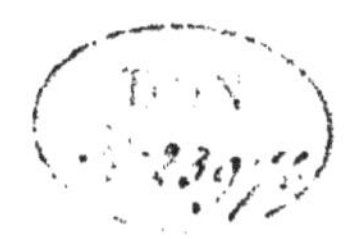

LES ROCHES-BARITAUD

(VENDÉE)

—

1879

Tiré à cent exemplaires.

———————

Errata à coller au verso du titre des Chartes bordelaises, *publiées par M. Paul Marchegay, au-dessous des mots :* Tiré à cent exemplaires.

ERRATA

Une note inexacte m'a fait dire que l'abbaye de Saint-Ferme était située à Bazas même tandis que (voisine de Pellegrue) elle en est distante de 57 kilomètres. D'après les renseignements reçus de M. J. Chollet, imprimeur à Sauveterre-de-Guyenne, il faut remplacer par la phrase suivante celle qu'occupent les lignes 11 à 15 de la page 4.

A peu de distance de Bazas, existait jadis une abbaye fondée en l'honneur d'un saint de la contrée, ou de l'Angoumois, nommé Fremerius, dont on a fait saint Fraigne au nord de la Dordogne, et saint Ferme dans le lieu où reposait sa dépouille mortelle.

CHARTES BORDELAISES

DE

SAINT-FLORENT, PRÈS SAUMUR

Le diocèse de Bordeaux et son plus proche voisin celui de Bazas, qui dépendait de l'archevêché d'Auch, ont été les circonscriptions ecclésiastiques les plus méridionales dans lesquelles le très-antique et riche monastère bénédictin de Saint-Florent près Saumur, en Anjou, ait eu des prieurés.

Un seul existait dans le diocèse de Bordeaux. Consacré au patron de son abbaye et situé à Castillon-sur-Dordogne, il ne nous a donné qu'une charte de l'an 1177, déjà publiée deux fois dans les Archives historiques du département de la Gironde : tome 2, page 302, et tome 4, page 9. D'après le Pouillé général du monastère angevin, auquel il payait 100 sous de cens annuel, ce prieuré était encore habité par trois moines vers l'an 1271. Quoique située dans le même diocèse, l'église de la Chapelle-Arland dépendait du prieuré de Montcaret, évéché de Périgueux, parmi les titres duquel la charte qui la concerne sera prochainement imprimée, sous le N° 53.

Dans l'évéché de Bazas, l'abbaye de Saint-Florent avait deux prieurés. Pour celui de Saint-André de Pellegrue, nous n'avons retrouvé aucune charte spéciale. Le Pouillé général porte qu'il était habité par deux moines, et taxé primitivement à 60 sous de cens ; mais il n'en payait plus que la moitié en 1271, son revenu étant réduit à 95 livres. Plus tard, le prieuré de Pelle-

grue fut réuni à celui de Saint-Vivien près Bazas, de la dotation duquel son église avait fait partie, en 1082, avec celle des Forges et tout le droit de l'évêque sur l'église située dans le château de Langon.

Du dernier prieuré, ayant deux moines et payant à l'abbaye 100 sous de cens, dépendaient la chapelle de Sainte-Marie de Bugion et l'église de Saint-Romain de Tantalon, ou Tontolon. Ses quatre chartes, très-intéressantes, Nos II-V, notamment les deux du onzième siècle, paraissent inédites.

A Bazas même existait jadis une abbaye, fondée en l'honneur d'un saint de la contrée, ou de l'Angoumois, nommé Fremerius, dont on a fait saint Fraigne au nord de la Garonne, et saint Ferme dans la ville où reposait sa dépouille mortelle. Le voisinage du chef spirituel du diocèse n'ayant pu y maintenir la discipline monastique, et les religieux de Saint-Ferme persistant à mener une mauvaise vie, au point de faire de la maison de Dieu une caverne de voleurs, *fieretque spelunca latronum domus Dei*, l'évêque de Bazas, l'archevêque d'Auch et le duc d'Aquitaine finirent par les chasser. En 1080, ils parvinrent à la faire accepter par notre monastère de Saint-Florent, pour y mettre en vigueur la règle de saint Benoît, à l'aide d'un nouveau personnel. Ainsi reconstituée, la communauté resta, pendant près d'un demi-siècle, paisiblement soumise au chef de l'abbaye angevine, le sien portant aussi le titre d'abbé ; puis les liens se relâchèrent. Quoique sans la restauration du monastère déchu, Saint-Vivien près Bazas n'eût probablement jamais été donné aux moines de Saumur, leurs successeurs regrettèrent plus d'une fois la faute qu'on avait commise dès l'origine, en n'usant pas du droit de convertir Saint-Ferme en simple prieuré, *Cella*, de leur maison ; mais nous n'avons pas à nous occuper de cette rupture entre la fille et la mère, parce qu'elle se consomma seulement après la date de nos quatre chartes. Trois de celles-ci, N*os* VI, VIII et IX, ont été imprimées dans la nouvelle Gallia christiana, tome I, aux pages 188 à 190 des Instrumenta ou preuves. Aux pages 1217 et 1218 du texte, se trouve la notice consacrée à l'abbaye de Saint-Ferme de Bazas par les Bénédictins de la congrégation de Saint-Maur. Ils n'ont pas connu notre N° VII, le plus important des quatre, quoique la mutilation du manuscrit où il a été découvert lui ait fait perdre ses dernières lignes.

Le lecteur est déjà prévenu que, sur les neuf chartes bordelaises de Saint-Florent, près Saumur, dont les archives de Maine-et-Loire possèdent des copies authentiques, quatre ont été éditées depuis plus ou moins longtemps. En reproduire le texte correct, à côté de celui des cinq autres, paraît indispensable pour rapprocher leurs détails historiques, les mettre en relief et donner lieu de les utiliser aisément. Ce chapitre de notre Cartulaire général de Saint-Florent est d'ailleurs trop mince pour qu'on ne s'applique pas à le rendre complet par l'addition de quatre ou cinq pages. Disposées par ordre chronologique, suivant les trois divisions établies plus haut, les chartes sont précédées d'analyses en français, et suivies de l'indication des précieux registres originaux qui les ont conservées.

I. Castillon sur Dordogne.

1177. — Charte de Guillaume Ier (le Templier), arche-
vêque de Bordeaux. Sentence arbitrale par laquelle, assisté
de l'archidiacre de Blaye, de l'archiprêtre d'Entre-Dordogne
et d'autres clercs, il met fin à un long débat existant entre le
prieuré de Saint-Florent de Castillon et le chapelain de son
église de Saint-Symphorien. A celui-ci et à ses successeurs,
avec une maison et un cheveau, est alloué le tiers de tous les
produits de l'église, moyennant l'acquit du tiers des charges
de celle-ci envers l'évêque et ses délégués. Aux moines sont
réservés les dîmes, le revenu des terres et les lits des parois-
siens décédés.

Guillelmus, Dei gratia Burdegalensis archiepiscopus,
presentibus atque futuris ad quos presentes littere pervenerint, in perpetuum.

Ad tollendum oblivionis periculum, ad evitandas
contentiones, docta scribencium manus adinvenit ea
que rationabiliter fiunt et perpetuitatem desiderant,
litteris annotata, memorie commendare. Hanc nos
tenentes et imitantes consuetudinem, universitati legen-
cium, presenti scripto, significamus quod priores et
monachi Sancti Florentii de Castellione et capellani
Sancti Simphoriani longam inter se habuerunt contro-
versiam, occasione capellanie Sancti Simphoriani,
cujus dominium ad jamdictos fratres certum est perti-
nere. Tandem, paci et quieti monachorum et capellani,
successorumque ejus, provide consulentes, con consilio
R. archidiaconi Blaviensis et P. archipresbiteri de Inter
Dordoniam, et clericorum nostrorum, assentientibus et
volentibus Helya, tunc temporis priore de Castellione,
[et] fratribus Salmurensibus qui presentes fuerunt, et
Guillelmo Mainardi, tunc capellano, finem eorum con-
troversie imposuimus hoc modo.

Statuimus igitur ut capellanus, et qui ei successuri sunt capellani in supradicta ecclesia Sancti Simphoriani, ex omnibus proventibus ecclesie, tam in legatis mortuorum quam in oblationibus pro vivis et defunctis, et in aliis proventibus, quocumque modo contingant, terciam partem habeat; exceptis decimis et terra, si legata fuerit, que erunt monachorum, et lectis mortuorum que nichilominus monachorum erunt, capellano nichil in eis habituro. Statuimus etiam ut capellanus domum ibi et casellum habeat a priore, ubi manere possit honeste; et sicut statutum est ut terciam in beneficiis partem quemadmodum suprascriptum est accipiat, sic nichilominus decrevimus ut in serviciis que nobis et ministris nostris ex eadem ecclesia debentur, terciam et ipse partem solvere teneatur. Ut autem firmiter hec nostra constitutio teneatur, presentem cartam subscriptis testibus muniri et sigilli nostri robore confirmari precepimus.

Testes : Guillelmus Arnaudi abbas Sancti Emiliani, R. archidiaconus Blaviensis, magister Ademarus sedis nostre canonicus, Petrus archipresbiter de Inter Dordoniam, Guillelmus prior de Montcaret, Johannes prior de Bragerac, Petrus Vitalis presbiter de Castellione, Petrus de Torinac, Gauscelmus prior Sancti Emiliani.

Actum anno ab incarnatione Domini MCLXXVII°.

Cartulaires dits le Livre d'Argent, fol. 39, et le Livre Rouge, fol. 42 v°. Le texte de ce dernier est meilleur.

II. Saint-Vivien près Bazas.

1081. — Charte de Raimond II (le Jeune), évêque de Bazas. Averti par des signes prodigieux, avec l'assentiment de ses clercs, il donne à l'abbaye de Saint-Florent, pour y établir des religieux de sa règle, le très-antique monastère, ruiné de fond en comble, où d'épaisses broussailles, peuplées d'animaux immondes, recouvrent le sépulchre et le corps du bienheureux Vivien, ainsi que les restes de ses vénérés compagnons. Avec l'emplacement de l'église dudit Saint-Vivien, les terres qui l'entourent, une autre nommée la Bouverie et deux moulins, Saint-Florent reçoit les églises de Tantalon et des Forges, à la charge de payer annuellement au Saint-Siége une redevance de 12 deniers, laquelle servira du reste de garantie à la présente donation, dans le cas où elle serait attaquée par quelque évêque méchant. Ce fut fait en l'église de Saint-Jean-Baptiste de Bazas, en présence de Guillaume, archevêque d'Auch.

In nomine patris et filii et spiritus sancti, amen.

Ego Raimundus, Vasatentium urbis presul servusque Dei servorum minimus, ad ejus nomen et honorem qui est gloriosus in secula mirificandum, qui pauperem de stercore elevat sterilemque multiplici prole fœcundat, et superbis resistit humilibus autem dat gratiam, locum beatissimi Vasatensis Viviani qualiter, Dei gratia, hactenus oculuit qualiterque Sancto Florentio subjugaverim, litterarum descriptione narrare censui.

Locus etenim supradictus diversorium habile monachorum, cujus adhuc speciem retinet et res ipsa indicat, priscis temporibus fuit; sed, senio vetustissime more solito concussus, funditus eversus est, inter densa frutecta ipsius sepulcrum cum corpore preciosissimi tegens Viviani multorumque venerandorum ejus simul retinens corpora sociorum, multis ex immundis cum his prestabat nutrimentum. Unde Omnipotens condolens, qui pro se tot et tanta forti sustinuit patientia, signis et prodigiis, dæmonum quoque voce polita, nobis revelare dignatus est; quod quia animæ meæ ad medelam proficiat, conventu clericorum facto, Beati Florentii monachorum regulæ dare decretum est, et ita factum.

Perplacet igitur quottæ spacium terræ prefati ecclesiæ Viviani concessum sit dicere. Terram scilicet in qua ecclesia cernitur sita, usque in rivo sub discurrenti, et ibi molendinum, atque prout crux eminet ad clivum prominentem et usque sub via quæ ad plagam orientalem ducatum prebet, ut rupis ingens circuit; et molendinum ex parte altera civitatis, quod in altero continetur rivo ; atque ibi, prope monasterium, terram quæ ab indigenis terræ dicitur Boveria ; et ecclesiam Tantalon, et alteram ecclesiam Forgas. Quin insuper, ad beati Petri edem Romanam duodecim nummos in unoquoque anno deferri constituo, ne ab alicujus mali, post me futuri episcopi, nequicia male multari possit ; hoc quicumque fecerit, nisi resipuerit, sub anathemate a Romano papa constituetur.

Signum Raimundi æpiscopi. Signum Ausiensi archiepiscopi. Signum Guarini decani. Signum Garsie. Signum Donati. Signum Bernardihet. Signum Bernardi Baslatensi. Signum Willelmi.

Actum publice, in basilica Sancti Johannis Baptistæ, presente Guillelmo Ausiensi archiepiscopo , anno MLXXXI° ab incarnatione Domini : regnante Gregorio papa Romano, et Philippo rege Francorum, et Guidone Aquitanorum duce.

Datum per manum Aimerici Lausdunensis.

Cartulaire dit le Livre Noir, fol. 88, avec la rubrique DE SANCTO VIVIANO VASATENSI.

En tête du texte il y a ici, comme aux Nos III et VI, un chrisme, ou monogramme du Christ, aux bras de la croix duquel sont suspendus à gauche l'alpha et à droite l'oméga.

III. Saint-Vivien près Bazas.

1082. — Charte du même évêque. En termes différents, elle raconte la susdite donation, à laquelle sont ajoutées : l'église de Pellegrue, avec le quart de sa dîme, la terre de Bugion, la part de l'évêque dans l'église du château de Langon, la vigne de Lacune et de sa mère Judith. Fait dans le chapitre de Saint-Jean-Baptiste de Bazas, le jour de la fête dudit saint, en présence de tout le clergé et avec l'approbation de l'archevêque d'Auch.

In nomine patris et filii et spiritus sancti, amen.

Ego Raimundus, sanctæ Vasatensium æcclesiæ dicatus presul et famulus, sub litterarum relatione ac precepti nostri auctoritate, rata fultus sententia, qualiter Sancti Viviani locum Beato Florentio concessimus elucidare libuit ; et quia, vel temporali necessitate nos perurgente vel imminutione personarum exigente, destitute æcclesi salubri ac provida debemus disposicione succurrere, ne quandoque, æmulorum invidia pullullante, post excessum flatus nostri vitalis, diabolo persuadente, ab eorum impugnatione possit inquietari. Locus namque prefatus veritate probata, ut fertur, monachorum abile diversorium priscis temporibus extitit ; sed senio, nescio, seu hostium disruptione, male multatus, a summo usque ad pavimenta nobis eversus remansit [et] inter dempsa spineta, sanctorum diu tegens corpora, multis immundorum nutrimenta prestabat. Unde Omnipotens condolens, qui quondam in viduatæ æcclesiæ consolatione Davitico spopondit vaticinio, dicens : « Vidue « semper benedicam, pauperes ejus refectione reficiam » ; ac deinde sterilem in prolem multiplicem fæcundat et de stercore egenum elevat, ut in excelsis gloriæ cum majoribus solium obtinere faciat ; qui nostro in tempore templum denuo, ad ejus nominis laudem et honorem, ibidem refabricari, signis et miraculis evidentissimis, se velle patefecit ; sic denique clericorum facto conventu, nobilium interposito consilio, Sancto Florentio datum est. Hoc ergo nulli obnoxium subjaceat, sed apostolorum principis ædi Romanæ, libertatis subsidium duodecim nummorum unoquoque anno solvendum censuimus ; et sic vinculo insolubili permaneat ut si quis, invidia instigante quacumque ex causa, suæ gladio iniquitatis male multare præsumpserit, vel damnum aliquod intulerit, nisi resipuerit, vindicte damnatus in utroque divine subjaceat.

Terram igitur quæ præfato monasterio concessa sit, succincta brevitate transcurramus : in qua etenim terra ipsa æcclesia sita esse cernitur usque sub indiscurrenti rivo, prout fons extremus emanat, et ingens rupis circuit usque dum venit ad viam quæ ad australem plagam ducatum prebet, et superiorem partem prati, et molendinum quod in eodem continetur rivo ; et ex altera parte civitatis molendinum unum, et boveriam terræ, et ecclesiam Tontolom, cum decima et ceteris omnibus que ad ejusdem usum æcclesiæ pertinent, et ecclesiam Forgas cum decima, et ecclesiam Pila Grua cum quarta parte decime, et terram de Bugion, et æcclesiæ Lengo castro quantum ad episcopum pertinet totum, et vineam Lacunæ et matris ipsius Judit.

Signum Raimundi episcopi. Signum Warini decani et archidiaconi. Signum Donati archidiaconi. Signum Warsie secretarii et archidiaconi. Signum Donati canonici de Poio. Signum Stephani, qui comnominatur Walini de Lebrae.

Actum publice, in capitulo Beati Johannis Baptiste Vasatensis, in die ejusdem festivitatis, presente omni clero ejusdem conventus, anno millesimo octuagesimo secundo : regnante Philippo Francorum rege, tempore

Gregorii Romani papæ qui Aldebrandus dictus est, et
Willelmi Ausiensi archiepiscopi cum auctoritate.

Datum per manum Aimerici Lausdunensis, et Frot-
gerii ejusdem cænobii prioris, scriptoris et testis, et
Oliverii monachi, et Constantini et Matthei monachorum.

*Livre Noir, fol. 75, et Livre Rouge, fol. 44 v°. moins le
dernier paragraphe.*

IV. Saint-Vivien près Bazas.

*1131. — Charte de Geoffroi, évêque de Bazas. D'après le
conseil de son clergé, notamment de l'archidiacre et de l'archiprêtre, il affranchit le prieuré de Saint-Vivien près Bazas
de tout repas envers qui que ce soit, ainsi que de toute redevance
à l'anniversaire de l'évêque Raimond ; confirmant en outre
aux moines tout ce que celui-ci leur a donné, notamment
l'église de Tantalon avec la chantrerie et la dîme entière.*

In nomine sancte et individue Trinitatis, patris et filii
et spiritus sancti.

Ego Goffredus, Vasatensis episcopus, consilio clericorum meorum, maxime Fortonis archidiaconi, Fortonis
archipresbiteri et aliorum, concedo perpetuam liber-
tatem in ecclesia Sancti Bibiani secus Basatim, ut nullus
in ea prandium vel cenam querat, neque in aniversario
episcopi Raimundi debitum aliquod a monachis exigat.
Hec jam diu ab antecessoribus nostris episcopis acce-
perant, et usque ad nostra tempora quiete possederant
monachi de Salmuro, necnon etiam ecclesiam de Tan-
telon cum cantaria et cum tota decima. Ista et alia
omnia, sicut Raimundus episcopus disposuit et clerici
sedis qui in diebus ejus erant, hoc et nos, iterum atque
iterum commendando, auctoritate Dei et beati Petri

apostoli et nostra confirmamus. Hoc autem factum est anno MCXXXI°.

Livre d'Argent, fol. 83, et Livre Rouge, fol. 44 v°.

———

V. SAINT-VIVIEN PRÈS BAZAS.

De 1177 à 1185. — Charte de Guillaume Ier, archevêque de Bordeaux. Délégué par le Souverain Pontife pour juger la plainte formée par Mainier, abbé de Saint-Florent, contre les chanoines de Bazas, qui avaient commis d'atroces excès et de nombreuses spoliations dans la maison du prieuré de Saint-Vivien, il convoque les parties. Après un premier ajournement, réclamé par eux, les chanoines envoient d'infimes représentants, et seulement pour excuser leur absence. Sans tenir compte de leur contumace, le prélat examine la plainte des moines de Saint-Florent, la reconnaît fondée et condamne les chanoines à une restitution complète, sauf leur droit de se soumettre, s'ils l'osent, à un débat contradictoire.

Guillelmus, Dei gratia Burdegalensis archiepiscopus, M.[1] abbati et toti conventui Salmurensi omnibusque fidelibus ad quos littere iste pervenerint, salutem et caritatem.

Sollempnis et approbata inter prudentes consuetudo habetur ut ea que perpetuitatem desiderant, et que sui oblivione justicie dispendium facere possent, scripto memorie commendentur. Eapropter universitati hanc cedulam legentium notificamus quod cum abbas Salmurensis, cum quibusdam fratribus suis in presentia summi pontificis constitutis, querimoniam disposuisset contra canonicos Vasatenses, qui, ut asserebat, in domo Sancti Viviani que juxta Vasatum sita est, atrocem injuriam sibi intulerant et, post appellationem interpositam, eandem domum bonis multis spoliaverant; eandem

———

[1] *Mainerius*, abbé de 1177 à 1203.

tamen dominus papa nobis commisit, appellatione postposita, compnoscendam [1] sub hac forma : ut veritate diligenter inquisita, si rem ita fuisse nobis constaret, monachis ipsis ablata restituere faceremus et in pace dimitti ; postmodum vero, si canonici ipsi de jure confiderent, causam suam in presentia nostra ordine judiciario prosequerentur.

Volentes itaque mandatum apostolicum, cui non obedire instar sacrilegii est, exequutione mandare, diem legitimam partibus assignavimus qua ante nos ad experiendum convenirent. Sed cum ad instantiam clericorum Vasatensium, sub pretextu deliberandi an cedere deberent an contendere, dies illa dilationem sortiretur, diem aliam assignavimus, et ipsam perempter, indulto spatio sexaginta dierum et eo amplius ad deliberandum. Sed cum sepedicti monachi ad diem assignatam, parati ad agendum, coram nobis apparuissent, canonici, versanter, nec per se nec per responsales suos apparuerunt. Duos tamen de minoribus suis et tertium non canonicum miserunt, non ad experiendum sed ad causas absentie sue allegandas : quas cum omnino insufficientes judicaremus, contumaciam pro presentia reputantes, in causam processimus. Auditis itaque monachorum allegationibus, cum, per testium sufficientiam juratorum et examinatorum, nobis constitisset injuriam et expoliationem ita factam fuisse sicut abbas Salmuriensis in presentia summi pontificis proposuerat, et in nostra fratres Salmurenses proponebant, canonicos Vasatenses in plena restitutione condempnamus eamque fratribus Salmuriensibus adjudicavimus firmiter et in pace dimitti : hoc salvo ut, si canonici de jure suo confiderent, postmodum causam suam in presentia nostra ordine judiciario prosequerentur.

[1] Sic pour *congnoscendam*.

Livre Rouge, fol. 43, avec la rubrique Concordia inter nos et canonicos Vasatenses terminata.

VI. Saint-Ferme de Bazas.

Milieu de juin 1080. — Don par Raimond, évêque de Bazas, et par Raimond, vicomte de Gensac, pour le salut de leurs âmes et de celles de leurs parents, à l'abbé Guillaume et aux religieux de Saint-Florent, du monastère de Saint-Ferme et de tous ses biens, afin qu'ils corrigent les vices des moines qui y mènent une mauvaise vie et qu'ils en fassent un prieuré ou tout autre établissement qu'ils voudront. Gui, comte de Poitou, étant dans sa tour de Bordeaux, confirme cette donation, de laquelle fut notamment témoin Pierre de Castillon.

In nomine patris et filii et spiritus sancti, amen.

Raimundus, Vasatensis episcopus, et Raimundus de Gentiaco dederunt Deo et domno abbati Willelmo et monachis ejus, pro remissione omnium peccatorum suorum et pro salute animarum patrum suorum, scilicet pro emendatione viciorum monachorum in eodem loco male viventium, Sancti Fremerii cœnobium, cum omni facultate rerum suarum, ad cellam atque ad quicquid voluerit agendum ; quod donum concessit Wido, comes Pictavensium, Burdegale, in turre sua. Ex qua re autem extiterunt visores et auditores multi, ex quibus vero fuit unus ipse Raimundus, Vasatensis episcopus, et Raimundus de Genziaco, et Petrus de Castellione vicecomes, et domnus Gumbertus et domnus Oliverius, monachi professi jam supradicti Sancti Florentii. Sed quia narratio tantorum virorum multum est fastidiosa, sicut dixit dominus noster Ihesus Christus : « in ore duorum vel trium testium satis sufficiendum est stare omne verbum », alios in pretermissione posuimus.

Actum fuit autem procul dubio hoc scriptum anno ab incarnatione Domini MLXXX°, sicut computatum est a multis latine in milium compoto : regnante Philippo Francorum rege, tempore Gregorii pape qui Auldebrannus dicitur in vocitatione.

Signum Raimundi episcopi +. Signum Raimundi vicecomitis +. Signum Willelmi clerici +.

Livre Noir, fol. 88 v°, avec la rubrique Item de sancto Fremerio.

VII. Saint-Ferme de Bazas.

30 juin 1080. — Autre donation des mêmes, ajoutant aux termes de la précédente : 1° que l'abbaye ornée par les reliques de saint Ferme, martyr, est devenue une caverne de voleurs ; 2° que les abbé et religieux de Saint-Florent ont eu beaucoup de peine à l'accepter ; 3° que les vicomtes de Lomagne et de Dax étaient au nombre des témoins, et 4° que l'archevêque d'Auch a confirmé cette donation, étant au monastère de Condom.

In nomine patris et filii et spiritus sancti, amen.

Memoria litteralis multorum annorum curriculis perstat fidelis [1] fitque certum inditium presentibus ac futuris de rebus incognitis et antiquis ; tradendum est igitur tam utili documento memorie qualiter in dictiones Sancti Florentii devenit quondam locus Sancti Fremerii.

Raimundus siquidem, Vasatensis episcopus, ac Raimundus de Genciaco, in quorum dominio et potestate predictus inerat locus, videntes quia diutius male a malis habitatoribus tractaretur, fieretque spelunca la-

---

[1] Par une erreur évidente, le cartulaire porte *infidelis.*

tronum domus Dei in tantum profecto ut nequaquam posset emendari, sanctitati compassi sunt loci illius, quem ornabat margaretum preciosissimum, martyr videlicet Christi Fremerius. Habuerunt ergo secum commune consilium ut darent illum Sancto Florentio et domno abbati Willelmo monachisque ejus, pro redemptione animarum suarum suorumque parentum, ad cellam, cum omnibus possessionibus prediorum ecclesiarumque ad eundem locum pertinentium : quatenus, sub eorum regimine, et monachorum ibidem male viventium vitia emendarentur et Deus ibi a suis fidelibus deinceps bene ac regulariter serviretur; sed hoc pro certo magnis et importunis precibus, vix denique ut fieret impetrarunt.

Concessit autem gratanter hoc donum Sancto Florentio Wido, dux Aquitanorum, in turri sua Burdigale; interfueruntque donacioni huic testes et auctores quamplurimi, ex quibus, aliis pretermissis, fuerunt : Raimundus ipse Vasatensis episcopus, et junior de Gentiaco Raimundus, Petrus quoque ⟨… ⟩ellionensium proconsul, et Odo de Lomanni⟨… ⟩ et Raim⟨… ⟩us Arnaraus vicecomes de Ax; et de monachis San⟨… ⟩ ii duo : domnus Gumbertus et domnus Oliverius.

Id vero factum est et confirmatum anno ab incarnatione Domini MLXXX^a, regnante rege Francorum Philippo; quo etiam tempore Romanæ presidebat ecclesie papa Gregorius, qui et Aldebrandus dicebatur.

Ut autem hoc firmius auctorizabiliusque constaret, abiit domnus Oliverius, Sancti Florentii monachus, ad archiepiscopum Hausciensem, apud Comdonense cenobium [1], ubi tunc ipse venerat ad sancti Petri festivitatem; retulitque qualiter monachi Sancti Florentii

---

[1] Monastère du diocèse d'Agen, province ecclésiastique de Bordeaux, il devint évêché le 13 août 1317, et fut supprimé en 1790.

monasterium Sancti Fremerii susceperant ac in eodem
Dei servitium jam regulariter faciebant, necnon qualiter
Raimundus episcopus viciosos, qui se ibidem emendare
nolebant, monachos inde expulerat......

*Livre d'Argent, fol. 61 v⁰. La fin manque, par la perte
d'un feuillet du cartulaire.*

VIII. Saint-Ferme de Bazas.

*30 janvier, de 1139 à 1143. — Bulle du pape Innocent II.
Il mande à l'archevêque d'Auch, comme métropolitain, de
contraindre sans délai, P., abbé de Saint-Ferme, à vivre en
moine-profès de Saint-Florent, et à rendre obéissance à
Mathieu, abbé de ce monastère, duquel dépend celui de Saint-
Ferme.*

Innocentius episcopus, servus servorum Dei, venerabili fratri Auxitano archiepiscopo, salutem et apostolicam benedictionem.

Apostolice sedis clementia singulis ecclesiis et personis dignitatem et justiciam suam servare consuevit.
Dilectus filius noster M. [1], abbas Sancti Florentii, ad
nostram presentiam veniens, significavit nobis quod
abbatia Sancti Fremeri, que in tuo archiepiscopatu sita
est, ad jus Beati Florentii ex antiquo pertineat ; et
abbates ibidem constituti in monasterio Sancti Florentii
professionem fecerunt, et tam sibi quam predecessoribus
suis obedientes extiterint. Quia igitur idem monasterium, cum omnibus suis pertinentiis, beati Petri
juris existit, per presentia tibi scripta mandamus, et
mandando precipimus, ut si P., prefate abbatie abbas,
professionem suam observare et prefato filio nostro

---

[1] *Matheus,* abbé de 1128 à 1155.

abbati debitam et consuetam obedientiam exhibere
contempserit, absque dilatione debitam de ipso justiciam facias.

Datum Lateranis, III° kalendas februarii.

*Livre d'Argent, fol. 14, et Livre Rouge, fol. 8 v°, avec
la rubrique* PRIVILEGIUM INNOCENTII, DE ABBATIA SANCTI
FREMERII.

IX. SAINT-FERME DE BAZAS.

*22 avril 1146. — Bulle du pape Eugène III. Il mande
à l'évêque de Bazas d'obliger l'abbé et les moines de Saint-
Ferme à obéir, comme ils le doivent, au susdit abbé de Saint-
Florent, et à corriger leurs excès pour vivre régulièrement,
selon ses prescriptions.*

Eugenius episcopus, servus servorum Dei, venerabili
fratri R. [1], Basatensi episcopo, salutem et apostolicam
benedictionem.

Dilectus filius noster M., abbas Sancti Florentii,
nobis conquestus est quod abbas et monachi Sancti
Fremerii debitam et consuetam obedientiam ei sub-
trahant, et professionem suam minime secundum
regulam observant. Et quoniam in singulis ecclesiis et
ecclesiasticis personis suam volumus exhibere justiciam,
per apostolica tibi scripta, precipiendo, mandamus
quatinus eosdem monachos, ex nostra parte, districte
commoneas ut debitam et consuetam obedientiam eidem
abbati Sancti Florentii, absque contradictione, humiliter

---

[1] Auteur incontestable de la Bulle, le pape Eugène III, élu le
4 mars 1145 et mort le 7 juillet 1153, eut pour contemporain à
l'évêché de Bazas, jusqu'en 1150, Forton Guérin, après lequel il y
eut une vacance de quatre ans. Ainsi le copiste du cartulaire s'est
trompé, en donnant une R pour initiale au nom de celui-ci.

exhibeant et excessus suos, juxta ejusdem abbatis com-
monitionem, salubriter corrigant : alioquin inobedien-
tiam et dissolutionem eorum impunitam non prete-
ribimus.

Datum Sutrii, X° kalendas mai.

Livre d'Argent, fol. 12.

Nantes. — Imp. Vincent Forest et Émile Grimaud, place du Commerce, 1.